Inhalt

Multi-Channel-Management

Kernthesen

Beitrag

Fallbeispiele

Weiterführende Literatur

Impressum

Multi-Channel-Management

S. Naujoks

Kernthesen

- Multi-Channel-Management bedeutet den gleichzeitigen Vertrieb von Produkten und Dienstleistung über verschiedene Vertriebskanäle, wobei neue Kanäle wie z. B. das Internet eine wichtige Rolle spielen.
- Multi-Channel-Strategien leiten sich ab aus gewandelten Kundenbedürfnissen und dem Streben der Unternehmen nach Umsatzwachstum durch neue Zielgruppen und Märkte.
- Erfolgreiches Multi-Channel-Management zeichnet sich durch eine konsequente Integration sämtlicher Vertriebswege aus, wobei sich die Integration dabei nicht nur

auf eine einheitliche Kommunikation bezieht, sondern auch auf die Integration sämtlicher Kundendaten in eine einheitliche IT-Plattform.

Beitrag

Erklärtes Ziel vieler Marketingstrategien ist es, den Kundennutzen zu steigern und die Kundenbindung zu erhöhen um damit den Umsatz für das Unternehmen zu steigern. Da aber Kunden immer mehr einem homo hybridicus (4) entsprechen, d. h. immer differenziertere Bedürfnisse, Wünsche und Anforderungen an Produkte und Dienstleistungen sowie deren Beschaffungswege haben, wird es für Unternehmen zunehmend schwieriger, auf diese gewandelten Anforderungen zu reagieren.

Ein Schlagwort, das in diesem Zusammenhang von Bedeutung ist, ist das sogenannte Multi-Channel-Management. Unter diesem Begriff versteht man den gleichzeitigen Vertrieb von Produkten und Dienstleistungen über sowohl klassische und als auch neue Vertriebswege. (1) Klassische Kanäle sind dabei beispielsweise der Filialbetrieb, Katalogvertrieb oder der Außendienst. Alternative neue Vertriebswege sind beispielsweise das Internet, Email oder das Mobiltelefon mit WAP-Technologie.

Multi-Channel-Strategien kommen den gewandelten Kundenbedürfnissen insofern entgegen, als dass die Zugangswege zu den Produkten und Dienstleistungen vielfältig sind und der Kunde je nach Situation und Produkt flexibel entscheiden kann, welchen Absatzkanal er jeweils wählt.

Vorteile einer Multi-Channel-Strategie für Unternehmen

- Multi-Kanal-Kunden sind profitabler als Kunden, die nur einen Absatzweg eines Unternehmens für ihre Einkäufe nutzen (2), (3), (5)
- Zusätzliche Vertriebskanäle können als Instrument der Kundenbindung dienen, aufgrund einer besseren Befriedigung veränderter Kundenbedürfnisse (1), (6)
- Verringerung der strategischen Abhängigkeit gegenüber herkömmlichen Vertriebswegen (1)
- Erschließung neuer Zielgruppen und Märkte (z. B. Internationalisierung) (1)

Bedeutung neuer Technologien

Grundsätzlich beschäftigten sich Marketing- und Vertriebsstrategen natürlich schön länger mit dem simultanen Absatz ihrer Waren und Dienstleistungen über unterschiedliche Vertriebskanäle. Das Thema gewinnt aber zunehmend an Aufmerksamkeit zum einen vor dem Hintergrund veränderter technologischer Entwicklungen wie z. B. der Internettechnologie im Online-Geschäft oder beispielsweise neuer Mobilfunktechnologien wie z. B. WAP, wodurch auch eine komfortable Nutzung von Finanzdienstleistungen über das Handy denkbar wird. Daneben ist die Akzeptanz der Kunden gegenüber neuen Vertriebswegen sowie deren Nutzung wie z. B. dem Internet im Gegensatz zu vor ein paar Jahren deutlich gestiegen.

Multi-Channel-Management ist dabei nicht auf bestimmte Branchen beschränkt sondern findet sich in vielen Segmenten wieder. So spricht man beispielsweise im Bereich der Finanzdienstleistungen vom Multi-Kanal Banking oder im Einzelhandel vom Multichannel Retailing (2)

Erfolgsfaktoren beim Multi-

Channel Management

Das Ziel einer Multi-Channel-Strategie sollte geklärt sein:

(1)

Je nach Ziel der Multi-Channel-Strategie fällt das Management der einzelnen Kanäle unterschiedlich aus. Sollen beispielsweise die Kosten gesenkt werden mittels einer Restrukturierung in preisgünstigere Vertriebswege, soll die Kundenbasis durch zusätzliche Vertriebskanäle erhöht werden oder soll die Abhängigkeit von bestehenden Vertriebskanälen vermindert werden?

Integration des Leistungsangebotes:

(3)

Das gesamte Leistungsspektrum eines Angebots sollte über die verschiedenen Kanäle abgewickelt werden können. Beispielsweise sollte es möglich sein, im Internet bestellte Ware in einer Filiale umzutauschen oder eine Reparatur für eine im Laden gekaufte Ware über das Internet oder per Email in Auftrag zu geben.

Sorgfältige Auswahl der Vertriebspartner:

(1)

Um Schwierigkeiten bei der Zusammenarbeit mit Vertriebspartnern zu vermeiden sollte schon bei der Auswahl von Vertriebspartnern darauf geachtet werden, dass ähnliche Vorstellungen hinsichtlich wesentlicher Kriterien existieren wie z. B. der Kundenorientierung, fachlicher Kompetenz, Unternehmensphilosophie und der Mitarbeiterführung.

Einheitliches Markenmanagement in allen Vertriebskanälen:

(3)

Sowohl in den Filialen, als auch im Internet sollte ein gleicher kommunikativer Auftritt praktiziert werden, ein wiedererkennbares Sortiment geführt werden und die gleichen Preise gelten.

Integrierte Kommunikation in allen Vertriebskanälen:

(3)

In den einzelnen Vertriebskanälen sollte in Bezug auf die Kommunikation auf die anderen existierenden Kanäle verwiesen werden und die gleichen Botschaften vermittelt werden.

Analyse der Kundensegmente:

(1)

Vor der Einführung zusätzlicher Vertriebswege sollte geklärt werden, welche Vertriebskanäle welche Zielgruppen ansprechen sollen. Ist dies geklärt, erleichtert das eine gezielte Bearbeitung der Kanäle und es kann vermieden werden, dass Kunden über neue Vertriebskanäle angesprochen werden, die keine Affinät zu diesem Kanal haben, wie z. B. dem Internet oder dem Mobiltelefon. Einer Verwirrung von Kunden und einer damit einhergehenden Ablehnung wird dadurch vorgebeugt.

Passen Produkte auch zu den

Kanälen?

Unter Umständen passen nicht alle Produkte zu allen möglichen Vertriebskanälen. Stürzt sich ein Katalogversandhändler beispielsweise euphorisch auf das Mobiltelefon als zusätzlichen Vertriebskanal, dann kann dieses Projekt aufgrund ungeeigneter Produkte, wie z. B. stark erklärungsbedürfte Waren, scheitern. Die Beschreibung solcher Produkte würde wohl kaum angemessen per SMS auf dem Display eines Mobiltelefons erscheinen.

Desweiteren ist der Absatz von Waren über das Internet bei stark erklärungsbedürftigen oder emotionalen Produkten wohl genau zu überdenken, da hier eventuell der stationäre Absatz über Filialen durch persönliche und visuelle Beratung erfolgversprechender ist.

Herausforderungen des Multi-Channel-Managements

Ausgewogenes Multi-Channel-Management

(1)

Bei der Einführung neuer Vertriebskanäle sollten die alten Kanäle nicht vernachlässigt werden.

Channel Konflike

(1)

Bei der Auswahl von zusätzlichen Vertriebskanälen ist darauf zu achten, dass sich die einzelnen Kanäle nicht kannibalisieren, d. h. unter Umständen stehen die verschiedenen Vertriebswege in Konkurrenz zueinander. Es gilt daher schon vorab zu klären, welche Zielgruppe und welche Produkte über welchen Vertriebsweg vertrieben werden sollen.

Mangelnde Datenintegration

(2)

Eine große Herausforderung beim Multi-Channel-Management liegt in der Integration der Kundendaten aus den verschiedenen Vertriebskanälen. Einer Umfrage zufolge integrieren z. B. ein Drittel der befragten Unternehmen ihre gewonnenen Daten aus den unterschiedlichen

Absatzkanälen gar nicht und nur ca. 10 % schaffen es, die Kundendaten aus dem Verkauf übers Internet, Kataloggeschäft und Filiale zu integrieren. (2)

Fallbeispiele

Wal Mart versucht im Rahmen seiner Multi-Channel-Strategie die konsequente Integration der Vertriebskanäle Internet und Filiale. Beispiele hierfür sind die Bereiche Foto-Entwicklung, bei dem man seine Filme z. B. im Laden abgeben und Online anschauen kann. Desweiteren können Geschenke auf sogenannten Hochzeitstischen im Laden angeschaut werden und später per Internet endgültig ausgewählt, bestellt und verschickt werden. (4)

Eddie Bauer, die US-Tochter des deutschen Versandhandelsunternehmens Otto, betreibt Multi-Channel-Management in drei Vertriebskanälen: Online, Katalog und Ladengeschäfte und analysiert dabei nicht nur welcher Kunde was kauft, sondern auch über welchen Kanal der Kunde was kauft. Eddie Bauer hat dabei herausgefunden, dass diese Kenntnis wichtig für die Ermittlung der Kundenprofitabilität ist. (5)

Auch im Finanzdienstleistungsbereich ist die Multi-Channel-Strategie ein nicht mehr wegzudenkendes Konzept. (6).

Weiterführende Literatur

(1) Homburg, Christian / Schäfer, Heiko / Scholl, Michael, Multi-Channel-Management Verschlungene Wege zum Kunden, Logistik Heute, Heft: 01-02, 2002, S. 1-3
aus TextilWirtschaft 13 vom 28.03.2002 Seite 011

(2) Multichannel-Kunden sind spendabler Online-Shopper nutzen beim Einkaufen die meisten Vertriebswege, Textil Wirtschaft, Heft: 05, 2002, S. 98
aus TextilWirtschaft 13 vom 28.03.2002 Seite 011

(3) Multichannel-Kunden sind spendabler
aus TextilWirtschaft 05 vom 31.01.2002 Seite 098

(4) Viele Wege führen zum Kunden
aus CYbiz Nr. 05 vom 24.04.2002 Seite 031

(5) Wal-Mart will Multikanal-Strategie forcieren
aus Lebensmittel Zeitung 06 vom 08.02.2002 Seite 034

(6) Eddie Bauer integriert drei Vertriebskanäle
aus Lebensmittel Zeitung 03 vom 18.01.2002 Seite 032

Impressum

Multi-Channel-Management

Bibliografische Information der deutschen Nationalbibliothek

Die Deutsche Nationalbibliothek verzeichnet diese Publikation in der deutschen Nationalbibliografie; detaillierte bibliografische Daten sind im Internet über http://dnb.d-nb.de abrufbar.

ISBN: 978-3-7379-1569-4

© 2015 GBI-Genios Deutsche Wirtschaftsdatenbank GmbH, Freischützstraße 96, 81927 München, www.genios.de

Alle Rechte vorbehalten. Dieses Werk ist einschließlich aller seiner Teile – z.B. Texte, Tabellen und Grafiken - urheberrechtlich geschützt. Jede Verwertung außerhalb der Grenzen des Urheberrechtsgesetzes bedarf der vorherigen Zustimmung des Verlags. Dies gilt insbesondere auch für auszugsweise Nachdrucke, fotomechanische Vervielfältigungen (Fotokopie/Mikroskopie), Übersetzungen, Auswertungen durch Datenbanken oder ähnliche Einrichtungen und die Einspeicherung und Verarbeitung in elektronischen Systemen.